WAS IST WAS

Wissensschatz von A–Z

P wie …

PFERDE

Text von Dr. Kerstin Neumann
Illustrationen von Elisabetta Ferrero

TESSLOFF

Vorfahren und Verwandte

Alle Pferde – von den kleinsten Ponys über Reit- und Rennpferde bis zu den schweren Zugpferden – stammen von einer einzigen Art ab: dem Urwildpferd. Es heißt auch Przewalski-Pferd nach dem russischen Forscher Nikolai M. Przewalski, der eine Gruppe dieser Pferde 1878 in der Mongolei wiederentdeckte. In freier Wildbahn ist das Urwildpferd vor einigen Jahrzehnten ausgestorben, doch in Zoos kann man die kräftigen sandfarbenen Pferdchen mit ihrer Stehmähne und dem hellen Maul noch bewundern. Seit einiger Zeit werden in Zoos geborene Urwildpferde in den Steppen der Mongolei ausgewildert und kommen in

Auch das Urwildpferd hatte Vorfahren. Durch Funde versteinerter Knochen (Fossilien) weiß man, dass der älteste bekannte Ahne des Pferdes – das Hyracotherium – ein nur fuchsgroßes Tierchen war, das vor etwa 50 Millionen Jahren lebte.

ihrer alten Heimat gut zurecht. Inzwischen sind schon viele Fohlen in Freiheit geboren worden.

Pferde, Esel und Zebras bilden die Gattung Equus. Sie alle sind Unpaarhufer: Bis auf jeweils eine Zehe, den Huf, sind alle anderen Zehen zurückgebildet.

Körperbau

Im Laufe von etwa 6000 Jahren hat der Mensch aus den Urwildpferden viele verschiedene Pferderassen gezüchtet, indem er Tiere mit besonders erwünschten Eigenschaften miteinander verpaarte. So reicht die Größe der heutigen Pferde von unter einem Meter

Die Größe eines Pferdes wird mit einem Messstock am Widerrist gemessen und heißt deshalb auch Widerristhöhe oder Stockmaß. Pferde unter 1,48 Meter heißen Ponys, die darüber heißen Großpferde.

bis zu fast zwei Metern. Alle Pferde haben jedoch einen ähnlichen Körperbau, denn sie alle sind Pflanzenfresser und schnelle Fluchttiere. Jeder Körperteil erfüllt bestimmte Funktionen; diese sind wie bei uns Menschen aufeinander abgestimmt. Im Umgang mit Pferden ist es wichtig, die Körperteile eindeutig benennen zu können. So kann man beispielsweise dem Tierarzt Auskunft geben, wenn sich das Pferd verletzt hat.

Leben in der Herde

In freier Wildbahn schließen sich immer mehrere weibliche Tiere (Stuten) zu einer Gruppe zusammen und ziehen – gemeinsam mit ihrem Nachwuchs (Fohlen) – auf der Suche nach Futter umher. Angeführt wird die Gruppe von der Leitstute, beschützt von einem Hengst – so werden die männlichen Pferde genannt. Innerhalb der Gruppe bildet sich eine Rangordnung heraus. Wie die Rangordnung funktioniert, kann man erkennen, wenn man eine

Wenn Hengste um eine Stutenherde kämpfen, geht es oft ganz schön zur Sache. Es wird gestiegen, mit Vorder- und Hinterhufen geschlagen und gebissen. Dabei kann es auch zu ernsthaften Verletzungen kommen.

Gruppe von Pferden auf der Weide intensiv beobachtet: Das ranghöhere Tier hat beispielsweise das Vorrecht an der Futterstelle. Auch wenn Pferde heute unter menschlicher Pflege leben, so sind sie doch Herdentiere geblieben. Ein Pferd darf niemals alleine gehalten werden; ohne Artgenossen würde es sich nicht wohlfühlen.

Sinne

Pferde in freier Wildbahn stellten als große, friedliche Tiere eine sehr begehrte Beute für viele Raubtiere dar. Weil sie sich aber nur schlecht verteidigen konnten, flüchteten sie, wenn Bedrohung nahte. Um einen möglichst großen Vorsprung vor dem Verfolger zu haben, war es überlebenswichtig, diesen rechtzeitig wahrzunehmen. Deshalb sind die Sinne der Pferde so gut ausgebildet.

Pferde hören besser als wir. Durch das Bewegen der Ohren in verschiedene Richtungen können sie sehr gut wahrnehmen, woher ein Geräusch kommt.

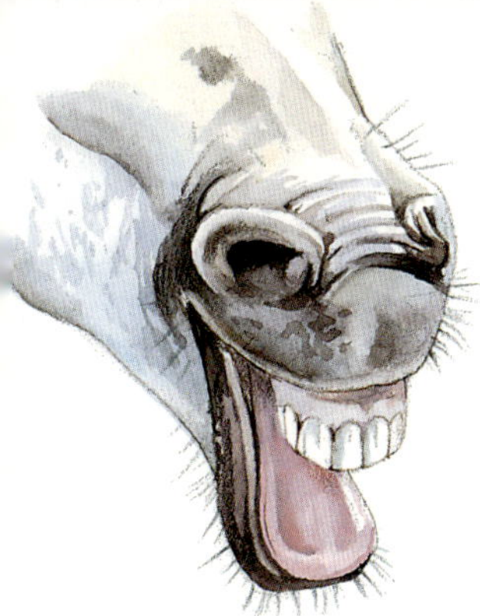

Die gesamte Haut ist ein feinfühliges Tastorgan. Selbst eine kleine Fliege, die sich aufs Fell setzt, wird wahrgenommen und verjagt. Am empfindlichsten sind aber die Lippen mit den Tasthaaren. Sie helfen dem Pferd auch dabei, Fremdkörper im Futter zu erkennen.

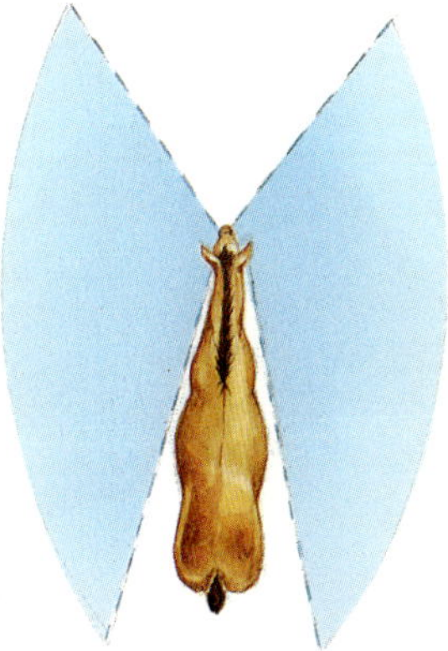

Mit ihren seitlich am Kopf stehenden Augen verfügen Pferde fast über einen Rundumblick. Nur das, was direkt hinter ihnen steht, können sie nicht sehen.

Ähnlich wie Hunde können Pferde feinste Geruchsunterschiede wahrnehmen, von denen wir Menschen gar nichts ahnen. Um sich kennenzulernen, beschnuppern sie sich intensiv mit ihren Nüstern.

Körpersprache

Natürlich können sich Pferde nicht unterhalten wie Menschen, aber verständigen können sie sich schon – nicht nur durch Wiehern oder ein leises Schnauben, sondern vor allem durch ihre Körpersprache. Für Pferdefreunde ist es wichtig, möglichst viele dieser Signale zu verstehen, um richtig darauf reagieren zu können. Wenn man eine Gruppe von Pferden beobachtet, kann man eine Menge über ihre Verständigung lernen. Die gesamte Körperhaltung, besonders aber Augen und Ohren, zeigt an, in welcher Stimmung sich ein Pferd befindet. Nach vorn gespitzte Ohren signalisieren freundliche Aufmerksamkeit, eng nach hinten angelegte Ohren sollen drohend wirken und das Gegenüber auf Distanz halten.

Seine aufgerichtete Körperhaltung und der schwungvoll gebogene Schweif sollen das Pferd groß und kräftig erscheinen lassen. Damit möchte es ein anderes Pferd beeindrucken.

Diese Pferde sind befreundet. Zufrieden kraulen sie sich gegenseitig das Fell.

Das weiße Pferd signalisiert Aufmerksamkeit und Neugier. Freundlich kommt es auf seinen Artgenossen zu.

Fohlen

Die Eltern eines Fohlens heißen Stute und Hengst. Die Stute ist etwa elf Monate trächtig, bevor sie ihr Fohlen zur Welt bringt. Schon kurz nach seiner Geburt versucht das Fohlen aufzustehen, was mit den langen, staksigen Beinen gar nicht so einfach ist. Früher war dieses Verhalten in freier Wildbahn überlebenswichtig, um gleich von Anfang an mit der Herde mithalten zu können. Auch müssen Fohlen möglichst schnell von der wertvollen Muttermilch trinken, um wichtige Abwehrstoffe aufzunehmen. Etwa ein halbes Jahr lang werden sie von ihrer Mutter gesäugt, fressen aber schon bald auch ein wenig festes Futter.

Fohlen werden mit etwa sechs Monaten von ihrer Mutter getrennt. Man nennt sie nun Absatzfohlen. Übermütig tollen sie gemeinsam auf der Weide herum. Der Ernst des Lebens beginnt für sie erst mit ungefähr drei Jahren, wenn sie eingeritten und zur Zucht zugelassen werden.

Die Stute leckt ihr Neugeborenes trocken. Dabei nehmen die beiden Kontakt zueinander auf und prägen sich gegenseitig ihren Geruch ein. So erkennen sie sich immer wieder.

Gangarten

Pferde sind Fluchttiere und können deshalb sehr schnell laufen. Ihre schnellste, aber auch anstrengendste Gangart ist der Galopp. Dabei bewegen sich die Pferde springend in einem Dreitakt vorwärts. Wollen sie aber nur von einem in ein anderes Gebiet wandern, dann gehen sie am liebsten gemütlich im Schritt. In dieser wenig anstrengenden Viertakt-Gangart können sie weite Strecken zurücklegen. Zu den drei Grundgangarten des Pferdes gehört noch der Trab. Er ist ein Zweitakt und liegt im Tempo zwischen Schritt und Galopp. Das Pferd bewegt immer abwechselnd die diagonalen Beinpaare zugleich nach vorn, also linkes Vorderbein und rechtes Hinterbein.

Schritt

Trab

Galopp

Einige Pferderassen beherrschen noch eine oder sogar zwei weitere Gangarten, die für den Reiter sehr bequem sind: den Tölt (links) und den Pass. Der Tölt ähnelt dem Schritt, ist aber viel schneller. Der Pass ähnelt dem Trab, aber es werden nicht die diagonalen, sondern die Beine derselben Seite gleichzeitig nach vorn gesetzt.

Pferderassen

Durch die lange Geschichte des Pferdes als Haustier der Menschen entstanden mehrere Hundert verschiedene Pferderassen. Je nachdem, ob sie als Trag- oder Zugtier für schwere Lasten oder als Reittier für Krieger oder Herrscher dienen sollten, wählten die Pferdezüchter ganz gezielt die Tiere für die Zucht aus, deren Eigenschaften ihren Wünschen entsprachen. Das konnten Kraft oder Größe, Schnelligkeit, Wendigkeit, Ausdauer oder auch Schönheit sein. Einfluss auf die Eigenschaften der verschiedenen Pferderassen haben aber auch die Lebensbedingungen in dem jeweiligen Gebiet. So sind Pferde in Gebirgen klein und

Warmblutpferde sind typische Sport- und Freizeitpferde.

gedrungen, die der weiten Steppen dagegen langbeinig und schnell. Grundlegend unterscheidet man Vollblüter, Warmblüter, Kaltblüter und Ponys.

Kaltblutpferde sind besonders kräftig gebaut und daher für das Ziehen schwerer Lasten geeignet.

Vollblüter sind sehr edle Pferde mit einem langen Stammbaum. Dazu gehören vor allem der Vollblutaraber und das Englische Vollblut.

Kleine Kinder lernen am besten auf einem Pony reiten. Es gibt viele verschiedene Rassen.

Farben und Abzeichen

Hatten die Wildpferde noch eine der jeweiligen Umgebung angepasste Tarnfarbe, meistens Brauntöne, so haben die vom Menschen gezüchteten Pferde unterschiedlichste Fellfarben. Sie reichen von Weiß (Schimmel) über Cremefarben (Isabell), Rotbraun (Fuchs), Braun mit schwarzer Mähne und schwarzem Schweif (Brauner), Grau (Falbe) bis Schwarz (Rappe). Daneben gibt es Schecken, die ein geflecktes Fell besitzen. Viele Pferde oder Ponys sind aber nicht einheitlich gefärbt, sondern haben sogenannte Abzeichen. Das sind weiße Haarstellen am Kopf und an den Beinen. Je nach Form und Größe der weißen Stelle am Kopf spricht man beispielsweise von Flocke, Stern, Blesse oder Laterne. Als weißen Kronrand, weiße Fessel (links) oder Stiefel bezeichnet man Abzeichen an den Beinen.

Abraxas

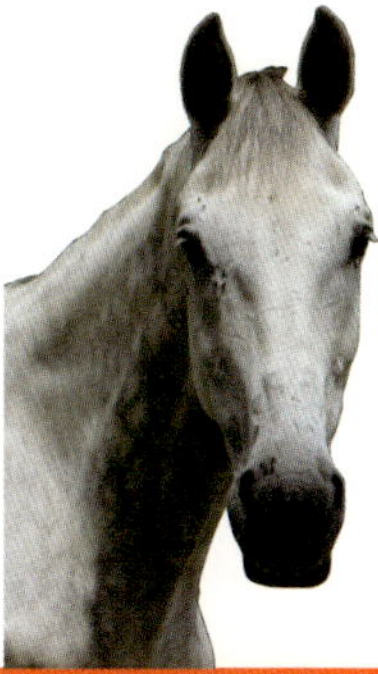

Schimmel

Isabelle

Isabell mit Blesse

Oskar

Fuchs mit Stern

Filou

Brauner

Blacky

Rappe

Flora

Schecke

Futter und Pflege

Ein Pferd zu halten, kostet viel Zeit und Geld. Pferde müssen mehrmals täglich gefüttert werden, brauchen einen sauberen Stall und müssen geputzt werden. Das Grundfutter besteht aus Heu oder auch guter Silage (durch Gärung haltbar gemachtes Gras) und aus Kraftfutter in Form von Hafer oder auch speziellen Futtermischungen. Auch Möhren, Rüben, Äpfel und natürlich frisches Gras auf der Koppel schmecken Pferden. Viel Durst haben sie auch: 30 bis 40 Liter Wasser trinkt ein Pferd pro Tag. Zur Pferdehaltung gehört aber noch weit mehr. Alle sechs bis acht Wochen muss der Hufschmied und hin und wieder auch der Tierarzt kommen.

Die Pferdebox muss täglich gesäubert werden. Dabei werden Pferdeäpfel (der Kot) und verschmutzte Einstreu (beispielsweise Stroh oder Holzspäne) entfernt und frische Einstreu in der Box verteilt.

Vor dem Reiten muss das Pferd geputzt werden. Es braucht schon ein bisschen Übung, mit Striegel, Kardätsche, Wurzelbürste, Schwamm und Hufkratzer richtig umzugehen.

Reiten

Mit etwa fünf Jahren können Kinder beginnen, auf Ponys reiten zu lernen. In einer Reitschule oder auf einem Ferienreiterhof können sie gemeinsam mit einem Lehrer die ersten Reitversuche unternehmen. Anfangs muss ein Reiter lernen, im Schritt auf dem Pferd zu sitzen, ohne sich festzuhalten. Wer regelmäßig übt, kann vielleicht schon bald einen kleinen Ausritt mitmachen und auch im Trab und Galopp reiten. Ab etwa zehn Jahren kann man auf Großpferden reiten lernen. Bis man

Niemals darf man ohne einen gut sitzenden Schutzhelm aufs Pferd. Dies gilt natürlich erst recht für einen Ausritt.

Bei Reitanfängern wird das Pferd zunächst an der Longe, einer Laufleine, geführt. So kann sich der Reiter ganz auf seinen Sitz und die Bewegung des Tieres konzentrieren.

ein wirklich guter Reiter wird und sein Pferd sicher führen kann, vergehen mehrere Jahre. Wer das Reiten als Sport betreiben möchte, kann dann auch an Reitturnieren teilnehmen.

Das Voltigieren, das Turnen auf einem Pferd, können auch Kinder schon lernen. Dieser Sport wird auf einem speziell ausgebildeten Voltigierpferd ausgeführt, das an der Longe im Kreis läuft.

Pferdesport

Die Schnelligkeit der Pferde regte die Menschen schon vor Jahrtausenden dazu an, um die Wette zu reiten. Inzwischen sind zahlreiche Wettkampfarten entstanden. So gibt es Pferderennen, bei denen das schnellste Pferd siegt, oder auch den Turniersport mit seinen verschiedenen Disziplinen. Am bekanntesten ist das Springreiten in einer Reitbahn mit Hindernissen (Parcours). Beim Dressurreiten müssen Reiter und Pferd genau vorgeschriebene Figuren in den drei Grundgangarten ausführen. Dabei wird auch die Harmonie zwischen Reiter und Pferd bewertet. Bei der Vielseitigkeit fließen Springen, Dressur und ein Geländeritt mit Hindernissen in die Wertung ein. Bei Trabrennen und beim Fahrsport gehen die Pferde nicht unter dem Reiter, sondern vor der Kutsche oder einem Sulky – das ist ein kleiner zweirädriger Wagen.

Auch für die Jüngsten gibt es Wettbewerbe, wie beispielsweise Geschicklichkeitsprüfungen.

Ältere Kinder nehmen mit ihren Reitponys oder auch Großpferden schon an leichten Springprüfungen teil.

Das Galopprennen ist eine der ältesten Pferdesportdisziplinen. Dabei geht es heutzutage auch um viel Geld: Es wird Geld darauf verwettet, welches Pferd gewinnt oder welche Plätze die einzelnen Pferde belegen.

Pferde im Dienst

Über Jahrtausende waren Pferde unentbehrliche Helfer des Menschen. Sie zogen den Pflug auf dem Acker und schwere Wagen mit der Ernte vom Feld in die Scheune. Als es noch keine Autos und Eisenbahnen gab, beförderten sie mit Kutschen Reisende und auch die Post. Manche Arbeiten waren schwer und auch gefährlich. Heute sind Pferde größtenteils Freizeitgefährten der Menschen. Doch es gibt immer noch einige Tätigkeiten, die von Pferden ausgeführt werden.

Manche Förster lassen Baumstämme von Pferden aus dem Wald ziehen. Ein Traktor würde dabei viel mehr Schaden an Bäumen und Waldboden anrichten als ein Pferd.

Wo viele Menschen zusammenkommen, beispielsweise in Fußballstadien, setzt die Polizei gerne ihre Reiterstaffel ein: Die großen Pferde erzeugen Respekt.

Fohlen
foal
[fəʊl]

Herde
herd
[hɜːd]

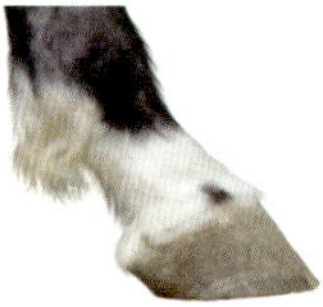

Huf
hoof
[huːf]

Mistgabel
pitchfork
[ˈpɪtʃfɔːk]

Pferd
horse
[hɔːs]

Pferderennen
horse racing
[hɔːs ˈreɪsɪŋ]

reiten
to ride
[raɪd]

Sattel
saddle
[ˈsædl]

Rätsel

Knack den geheimen Code für dein Online-Extra!

Wenn du das Rätsel auf der rechten Seite richtig löst, erhältst du einen vierstelligen Code. Mit der Lösung kannst du dein Online-Extra freischalten:
Viel Spaß mit dem englischen Sprachmemo und einem tollen Ausmalbild auf
www.wasistwas.de/a-z

Gib deine Lösung auf www.wasistwas.de/a-z in diese Eingabemaske ein. Ist dein Code richtig, wirst du zum Extra weitergeleitet!

Weißt du, welche Körperteile des Pferdes hier abgebildet sind? Ordne den Fotos die passenden Buchstaben zu und du erhältst deinen Code!

4

1

2

3

Schopf = S
Schweif = M
Huf = C
Nüster = P

Lösung:

1	2	3	4